WER LIEST, WEISS MEHR
UND KANN MITREDEN (!)

BUCH UND KOMMUNIKATION

FELIX HESS

WER LIEST, WEISS MEHR
UND KANN MITREDEN (!)

BUCH UND KOMMUNIKATION

FELIX HESS

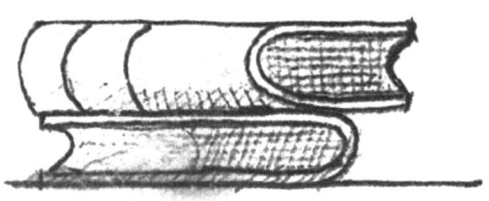

(Nicht nur für Bücherfreunde)

GESAMMELTE SPRICHW[...]
ZU BUCH UND KOMMU[...]N
ZUSAMMENGESTELLT
VON FELIX HESS

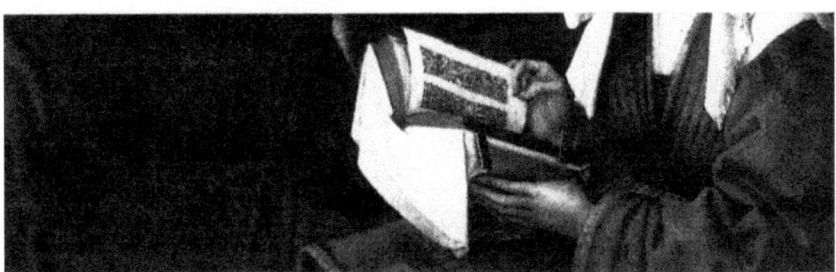

Bibliografische Information der Deutschen Nationalbibliothek.
Die Deutsche Nationalbibliothek verzeichnet diese Publikation
in der Deutschen Nationalbibliografie; detaillierte bibliografische
Daten sind im Internet über http://dnb.d-nb.de abrufbar.

2018 Felix Hess
Satz und Layout: Buch&media GmbH München
Herstellung und Verlag: BoD – Books on Demand
ISBN: 978-3-7528-2612-8
Printed in Germany

VORBEMERKUNGEN

Bücher schreiben ist leicht, es verlangt nur Feder und Tinte und das geduldige Papier. Bücher zu drucken ist schon schwieriger, weil das Genie sich unleserlicher Handschrift erfreut. Bücher zu lesen ist noch schwerer von wegen des Schlafs. Aber das schwierigste Werk, das Sterbliche auszuführen vermögen, ist: ein Buch zu verkaufen.

Dtsch. Historiker

Voraussetzung für die erfolgreiche Weiterentwicklung von einer Gruppe zu einer Gemeinschaft ist die Kommunikation. Erst der Motor der Kommunikation macht es möglich, von gemeinsamen Erfahrungen zu gegenseitigem Verständnis, gemeinsamen Urteilen, Handlungen und Verpflichtungen zu gelangen. Leider schlagen sich die hoch entwickelten Systeme der Kommunikation, die ja gerade unsere globale Welt heute kennzeichnen, nicht immer in echter Kommunikation unter Menschen wieder. Das Einzige, was wir ohne Zweifel erreicht haben, ist der schnelle Austausch von Nachrichten und Informationen, aber Geschwindigkeit allein hat wenig zu tun mit wahrer Kommunikation, denn eine solche Kommunikation würde über den Austausch von Informationen weit hinausgehen.

Aus seinem Buch: »Glaube, Liebe, Hoffnung«

Luis Antonio Tagle
Philipp. Theologe

GESAMMELTE SPRICHWÖRTER

Anfang

Das Letzte, was man findet, wenn man ein Werk schreibt, ist zu wissen, was man an den Anfang stellen soll.

Blaise Pascal

Aphorismen

Philosophieren in einem Satz.

Anonym

Aufgabe von Büchern

Die eigentliche Aufgabe von Büchern besteht darin, einen zum Nachdenken zu bringen.

Anonym

Autoren

Autoren sind Leute, die die Zeit in der Nase haben sollten und nicht die Nase in der Zeit.

Herbert Asmodi

Buch

Ein Buch ist ein Garten, den man in der Tasche trägt.

Arabisches Sprichwort

Bestseller

Je größer der Stiefel, desto größer ist der Absatz.

Karl Kraus

Briefe

Die Briefe eines klugen Mannes enthalten immer den Charakter der Leute, an die er schreibt.

Georg Christoph Lichtenberg

Buchzitat

Wie kann man denken ohne Bücher?

Georg Bernard Shaw

Bücher

Bücher sind kein geringer Teil des Glücks. Die Literatur wird meine letzte Leidenschaft sein.

Friedrich der Große

Bücher sind bessere Freunde als Menschen. Denn sie reden nur, wenn wir wollen, und schweigen, wenn wir anderes vorhaben. Sie geben immer und fordern nie.

Börries Freiherr von Münchhausen

Bücher, die nicht aufgeschlagen werden, sind nur ein Stoß Papier.

chinesisches Sprichwort

Bücher verleihen

Bücher haben Ehrgefühl. Wenn man sie achtlos verleiht, kommen sie nicht mehr zurück.

Theodor Fontane

Bücher-Saison

Bücher haben genau wie Gurken ihre Jahreszeit.

Oliver Goldsmith

Bücherwurm

Der Bücherwurm liest sogar die Bücher, die er rezensiert.

Gabriel Laub

Dichter

Um Dichter zu werden, muss der Mensch verliebt sein oder sich elend fühlen.

Lord Byron

Der Dichter ist das Herz der Welt.

Joseph von Eichendorff

Dichtkunst

Ein Spiel der Sinnlichkeit, durch den Verstand geordnet.

Immanuel Kant

Dichtung

Dichtung ist immer nur eine Expedition nach der Wahrheit.

Franz Kafka

Druckfehler

Ich denke immer, wenn ich einen Druckfehler sehe, es sei etwas Neues erfunden.

Johann Wolfgang von Goethe

Eigentum

Nicht beim Kauf, beim Lesen gehen Bücher in unser Eigentum über.

Rupert Schützbach

Erfindung des Buchdrucks

Die Erfindung des Buchdrucks ist das größte Ereignis der Weltgeschichte.

Victor Hugo

Feuilleton

Ein Feuilleton schreiben, heißt, auf einer Glatze Locken drehen.

Karl Kraus

Freund

Liest du ein Buch zum ersten Mal, lernst du einen Freund kennen. Liest du es ein zweites Mal, begegnet dir ein alter.

Aus China

Gedanken

Gedanken sind nicht stets parat, man schreibt auch, wenn man keine hat.

Wilhelm Busch

Gescheites

Alles Gescheite ist schon einmal gedacht worden. Man muss nur versuchen, es noch einmal zu denken.

Johann Wolfgang von Goethe

Halb und halb

Die Hälfte dessen, was man schreibt, ist schädlich, die andere Hälfte unnütz.

Friedrich Dürrenmatt

Herbst-Zeitlose

Bücher vom vergangenen Herbst haben denselben leichten Verwesungsgeruch wie Blumen vom vergangenen Monat.

Ted Burke

Interview

Das ist eine gute Frage, bleibt ein beliebter Trick der Interviewten, um das Interview zu vermeiden.

Dick Carrett

Journalismus

Journalismus besteht hauptsächlich darin, Leuten zu erzählen »Lord Jones ist gestorben«, die vorher nicht einmal wussten, dass Lord Jones überhaupt je gelebt hat.

Gilbert Keith Chesterton

Der Unterschied zwischen Literatur und Journalismus besteht darin, dass der Journalismus unlesbar ist und die Literatur nicht gelesen wird.

Oscar Wilde

Journalist

Man kann jeden Journalisten zum Staatssekretär machen, aber nicht jeden Staatssekretär zum Journalisten.

Otto von Bismarck

Ein Mensch, der immer etwas Wichtiges zu tun hat, und daher nie zum Wichtigen kommt.

Anonym

Ein kurzsichtiger Historiker.

Anonym

Einer, der nachher alles vorher gewusst hat.

Karl Kraus

Karikatur

Eine eine Pointe unter Weglassung der Geschichte.

Anonym

Klassiker

Ein Klassiker ist heutzutage ein Mann, den man loben kann, ohne ihn jemals gelesen zu haben.

Gilbert Keith Chesterton

Krimi

Ein Krimi ist gut, wenn sogar der Autor den Täter nicht mehr kennt, wenn er das Buch wieder einmal aufschlägt.

Pierre Boileau

Kritik

Gegen die Kritik kann man sich weder schützen noch wehren. Man muss ihr zum Trotz handeln, und das lässt sie sich nach und nach gefallen.

Johann Wolfgang von Goethe

Wer sich über Kritik ärgert, gibt zu, dass sie verdient war.

Tacitus

Kritiker

Die Welt ist voller Denkmale zum Ruhme von Fürsten und Feldherren, von Dichtern, Gelehrten, Malern und Musikern. Haben sie schon jemals ein Denkmal zu Ehren eines Kritikers gesehen?

Gerhart Hauptmann

Unter die größten Entdeckungen, auf die der menschliche Verstand in den neuesten Zeiten verfallen ist, gehört meiner Meinung nach wohl die Kunst, Bücher zu beurteilen, ohne sie gelesen zu haben.

Georg Christoph Lichtenberg

Es ist schade, dass gerade die zum Rezensieren tüchtig sind, die zu gut dazu sind.

Jean Paul

Kunst

Kunst: zwar nicht das Brot, aber der Wein des Lebens!

Jean Paul

Kunstwerke

Kunstwerke sind von einer unendlichen Einsamkeit und mit nichts so wenig erreichbar als mit Kritik. Nur Liebe kann sie erfassen und halten und kann gerecht gegen sie sein.

Rainer Maria Rilke

Langweilen

Das Geheimnis zu langweilen besteht darin, alles zu sagen.

Voltaire

Latein

Die späte Rache der Römer an den Germanen.

Anonym

Leitartikel

Aufsatz, der darüber Aufschluss gibt, was der Verfasser denkt, dass die Leute denken.

Anonym

Lesen

Lesen ist so ziemlich das Wichtigste, was es außer danach handeln heutzutage geben kann.

Anonym

An Zerstreuung lässt es uns die Welt nicht fehlen. Wenn ich lese, will ich mich sammeln.

Johann Wolfgang von Goethe

Erst durch das Lesen lernt man, wie viel man ungelesen lassen kann.

Wilhelm Raabe

Wenn wir lesen, denkt ein andere für uns.

Arthur Schopenhauer

Was sich nicht lohnt, zweimal gelesen zu werden, ist auch nicht wert, einmal gelesen zu werden.

Arthur Schopenhauer

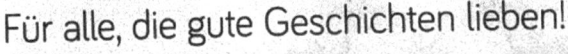

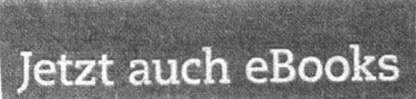

Literatur (siehe auch Journalismus)

Der Unterschied zwischen Literatur und Journalismus besteht darin, dass der Journalismus unlesbar ist und die Literatur nicht gelesen wird.

Oscar Wilde

Meinung

Es gibt Menschen, die sich immer angegriffen wähnen, wenn jemand eine Meinung ausspricht.

Christian Morgenstern

Memoiren

Nichts trägt so sehr zur Vervollkommnung eines Menschen bei wie das Schreiben von Memoiren.

Anonym

Nachrichten

Das Negative interessiert mehr als das Positive, das hat schon Shakespeare gewusst. Im Grunde ist das erfreulich, denn es beweist, dass das Negative immer noch die Ausnahme ist, nicht die Regel.

Tennessee Williams

Öffentlichkeit

Die Öffentlichkeit hat eine unersättliche Neugier, alles zu wissen, nur nicht das Wissenswerte.

Oscar Wilde

Originell

Die originellsten Autoren der neuesten Zeit sind es nicht deswegen, weil sie etwas Neues hervorbringen, sondern allein, weil sie fähig sind, dergleichen Dinge zu sagen, als wenn sie vorher niemals wären gesagt gewesen.

Johann Wolfgang von Goethe

Philologie

Die Kunst des richtigen Lesens.

Friedrich Nietzsche

Plagiat

Autoren, die bestohlen werden, sollten sich darüber nicht beklagen, sondern freuen. In einer Gegend, in der Waldfrevel nicht vorkommt, hat der Wald keinen Wert.

Marie von Ebner-Eschenbach

Poeten

Die meisten Poeten kommen erst nach ihrem Tode zur Welt.

Georg Christoph Lichtenberg

Politik

Die wichtigste Sache im Leben – für eine Zeitung.

Henrik Ibsen

Presse

Die Presse ist die Architektur der Gedanken.

Gotthold Ephraim Lessing

Publikum

Das Publikum beklatscht eine Feuerwehr aber keinen Sonnenaufgang.

Friedrich Hebbel

Roman

Ein guter Roman verrät uns die Wahrheit über den Romanhelden. Ein schlechter Roman verrät uns die Wahrheit über den Romanautor.

Gilbert Keith Chesterton

Ruhm

Mitgedacht werden, wenn an ein ganzes Volk gedacht wird.

Wilhelm Raabe

Satire

Satire: Ein Spiegel, in dem der Betrachter alle anderen Gesichter erkennt, nur nicht das eigene.

Jonathan Swift

Schlagzeilen

Schlagzeilen, das ist Weltgeschehen in Pillenform.

Norman Mailer

Schreiben

Es schreibt keiner wie ein Gott, der nicht gelitten hatt wie ein Hund.

Marie von Eber-Eschenbach

Das Schreiben ist – wie das Leben selbst – eine Entdeckungsreise.

Henry Miller

Schreibtischtäter

Ich werde meine Ansicht verteidigen bis zum letzten Tropfen Tinte.

Molière

Schriftsteller

Die echten Schriftsteller sind die Gewissensbisse der Menschheit.

Ludwig Feuerbach

Der Schriftsteller braucht keine wirtschaftliche Unabhängigkeit. Bleistift und Papier, das ist alles.

William Faulkner

Der Schriftsteller schreibt für die Leser von morgen zu den Honoraren von gestern.

Hans Weigel

21

Sprache

Die Sprache ist die Quelle der Missverständnisse.

Antoine de Saint-Exupéry

Stückeschreiben

Jede Art zu schreiben ist erlaubt, nur nicht die langweilige.

Voltaire

Titel

Ein Titel muss kein Küchenzettel sein. Je weniger er von dem Inhalt verrät, desto besser ist er.

Gotthold Ephraim Lessing

Totschweigen

Nicht alles, was totgeschwiegen wird, lebt.

Karl Kraus

Umgang mit Büchern

Je mehr sich unsere Bekanntschaft mit guten Büchern vergrößert, desto geringer wird der Kreis von Menschen, an deren Umgang wir Geschmack finden.

Ludwig Feuerbach

Unterschiede

Der Unterschied zwischen Literatur und Journalismus: Journalismus ist unlesbar, Literatur wird nicht gelesen.

Oscar Wild

Der Unterschied zwischen dem richtigen Wort und dem beinahe richtigen ist derselbe wie zwischen dem Blitz und einem Glühwürmchen.

Mark Twain

Urteil

Auf längere Sicht wird ein Autor danach beurteilt, was er selber schreibt, und nicht nach dem, was die Kritiker über ihn schreiben.

Anonym

Vorteil

Das Leben gleicht einem Buch. Toren durchblättern es flüchtig, der Weise liest es mit Bedacht.

Jean Paul

Vergesslich

Warum die Menschen so wenig behalten können, was sie lesen, ist, dass sie so wenig selbst denken.

Georg Christoph Lichtenberg

Verleger

Es steht dem Verleger nicht an, von Dingen der Kunst zum Dichter zu sprechen.

Kurt Wolff

Nur einen Schmerz haben die Verleger: Es geht noch immer nicht ohne die Schriftsteller.

Peter Hille

Verschwiegen werden

Die schärfste Form der Zensur ist das Verschwiegen werden.

Heinrich Heine

Wahrheiten

Manche Wahrheiten sollen nicht, manche brauchen nicht, manche müssen gesagt werden.

Wilhelm Busch

Wiederlesen

Ein schönes Buch nicht wiederlesen, weil man es schon gelesen hat, das ist, als ob man einen teuren Freund nicht wieder besuchen würde, weil man ihn schon kennt. Übrigens, – ein gutes Buch, einen guten Freund, die lernt man nicht aus. Ein weises Buch ist ebenso unergründlich wie ein grosses Menschenherz.

Marie von Ebner-Eschenbach

Wirkung

Was ein Buch sei bekümmert mich weniger, was es mir bringt, das ist die Hauptsache.

Johann Wolfgang von Goethe

Wörter ohne Gedanken

Wörter ohne Gedanken sind wie Segel ohne Wind.

Anonym

Wort

Niemand holt sein Wort wieder ein.

Wilhelm Busch

Zeitungen

Die Zeitung ist der Sekundenzeiger der Weltgeschichte.

Arthur Schopenhauer

Zeitungen sollen nicht nur berichten, was geschieht, sie sollen die Leute auch dazu anhalten, aktiv zu werden.

Mark Twain

Zensur

Jemand, der mehr weiß als man nach seiner Ansicht wissen darf.

Anonym

Zweitbuch

Der Trend zum Zweitbuch wächst.

Prognose Frankfurter Buchmesse

SCHLUSSBEMERKUNGEN

Es gibt zweierlei Sprichwörter: Die einen entsprechen dem Bedürfnis nach geistiger Verkürzung, die anderen dem nach unendlicher Perspektive.

Schweiz. Theologe, Schriftsteller

Aus einer Gruppe wird eine Gemeinschaft, wenn die Gruppenmitglieder die Entscheidung treffen und die Verpflichtung eingehen, »fürsorglich füreinander da zu sein«. Keine menschliche Gemeinschaft entsteht zufällig. Nur durch eine bewusste Entscheidung und eine konkrete Verpflichtung der Einzelnen, füreinander einzustehen, verlässlich und liebevoll, nur so entsteht eine Gemeinschaft und echte Kommunikation.

Aus: Glaube, Liebe, Hoffnung. Luis Antonio Tagle
Philipp. Theologe

INHALT

BUCHVERÖFFENTLICHUNGEN

Luis Antonio Tagle
Erzbischof von Manila und Primas der Philippinen
Glaube, Liebe, Hoffnung

Aus dem Nachwort:
ISBN: 978-3-86357-081-1, 2014

»Wer ist das?« Tausendfach wurde die Frage an diesem 24. September im Petersdom gestellt. Man murmelte und flüsterte, man schaute einander ratlos an, fragte den Sitznachbarn oder suchte in den für die Zeremonie ausgeteilten Heftchen nach dem Namen.

»Tagle!«, lautete die Antwort, die in diesen Augenblicken wie das Feuer einer Kerze von einem zum anderen weitergegeben wurde und die gewaltige Basilika mit neuem aufgeregtem Gemurmel erfüllte: »Tagle!« Den Namen, so viel stand fest, musste man sich merken.

Die sechs neuen Kardinäle, die der Papst an diesem Tag kreieren wollte, wie es in der traditionellen Sprache der Kirche heißt, waren einzeln vor den Hauptaltar unter Gian Lorenzo Berninis berühmten Baldachin getreten und hatten kniend aus den Händen von Benedikt XVI. die Insignien des Kardinalats empfangen.

Wofür aber steht Tagle? Was für ein Bischof, was für ein Theologe ist er? Und warum berührt er, wo immer er auftritt, so viele Menschen?

Dieses Buch, die erste deutschsprachige Publikation Tagles, gibt erste Antworten und wirft selbst neue Fragen auf. Denn wie jedes gute Buch lässt auch dieses ganz unterschiedliche Lesarten zu.

Es ist eine Predigt an die Welt, ein persönliches Glaubensbekennt-
nis, ein Manifest der Kirche im 21. Jahrhundert, eine Abrechnung
mit der modernen Welt. Auf diese – und vermutlich auf noch viele
andere Arten läßt sich Tagles Buch lesen.

Felix Hess
Glaube und (oder) Naturwissenschaft (?)
Allegorien (auch) für Laien

In den Prozessen dieser Welt und ihrer Geschichte ereignet sich
Gott und ist in ihnen nahbar und wirksam.
BoD – Books on Demand, Norderstedt, 2014
ISBN 978-3-7357–8401-8

Felix Hess
**Das Jahrhundert des Chauvinismus,
Relativismus, Genderismus (!)(?)**
Eine Anfrage

Deutschland ist heute eine moderne Industrienation.
Das Leben der Menschen wird immer komplizierter.
Herstellung und Verlag: BoD – Books on Demand, 2016
ISBN 978-3-7392–6517-9

Felix Hess
Ökumene im 21. Jahrhundert
Ein Resümee

Ein wesentlicher Schritt zur Versöhnung und Gemeinschaft ist dann getan, wenn die Spaltung der Kirche zu einer »geistlichen Ökumene« des Dialogs und des Zeugnisses übergeht.
Herstellung und Verlag: BoD – Books on Demand, 2017
ISBN 978-3-7448–4463-5

ÜBER DEN VERFASSER

Felix Hess, geboren in Würges / Ts., 65520 Bad Camberg, verheiratet, drei erwachsene Kinder. Studium der Innenarchitektur an der Werkkunstschule (Fachhochschule) Wiesbaden.

Tätigkeit: Handwerk, Behörde, Industrie

Interessierter Leser

Dem Verfasser kam es besonders darauf an, das Buch und echte Kommunikation zu fördern.

ANMERKUNGEN

Was man auch gegen solche Sammlungen sagen kann, welche die Autoren zerstückelt mitteilen, sie bringen doch manche gute Wirkung hervor. Sind wir doch nicht immer so gefasst und so geistreich, dass wir ein ganzes Werk in uns aufzunehmen vermöchten. Streichen wir nicht in einem Buch Stellen an, die sich unmittelbar auf uns beziehen?

Sogar die Schriften eines mittelmäßigen Kopfes können belehrend, ja lesenswert und unterhaltend sein, eben weil sie seine Quintessenz (Kern der Sache) sind, das Resultat, die Frucht all seines Denkens und Studierens.

Gesammeltes Wissen
(Nicht nur für Bücherfreunde)